Civismo

Ser servicial

Cassie Mayer

Heinemann Library
Chicago, Illinois

© 2008 Heinemann Library
a division of Capstone Global Library, LLC
Chicago, Illinois

Customer Service 888-454-2279
Visit our website at www.heinemannraintree.com

Designed by Joanna Hinton-Malivoire
Illustrated by Mark Beech
Translation into Spanish produced by DoubleO Publishing Services

ISBN-13: 978-1-4329-0399-2 (hc)
ISBN-13: 978-1-4329-0407-4 (pb)

The Library of Congress has cataloged the first edition of this book as follows:
Mayer, Cassie.
 [Being helpful. Spanish]
 Ser servicial / Cassie Mayer.
    p. cm. – (Civismo)
 Includes index.
 ISBN 1-4329-0399-3 (hc - library binding) – ISBN 1-4329-0407-8 (pb)
 1. Helping behavior--Juvenile literature. I. Title.
 BF637.H4M3918 2007
 177'.7--dc22
                          2007029441

Contenido

Ser servicial significa echar
una mano.

Ser servicial significa pensar
en los demás.

Cuando ayudas a llevar cosas…

estás siendo servicial.

Cuando lavas los platos…

estás siendo servicial.

Cuando cuidas de tu hermana…

estás siendo servicial.

Cuando guardas los juguetes...

estás siendo servicial.

Cuando sigues las instrucciones...

estás siendo servicial.

Cuando estás atento a los demás…

estás siendo servicial.

Cuando preguntas qué
puedes hacer…

estás siendo servicial.

Es importante ser servicial.

¿Cómo puedes ser servicial?

Actividad

¿Cómo está siendo servicial esta niña?

Glosario ilustrado

 **ser servicial** ayudar a las personas cuando lo necesitan

 **instrucciones** lista hablada o escrita de los pasos para hacer algo

Índice

Nota a padres y maestros

Todos los libros de esta serie presentan ejemplos de comportamientos que demuestran civismo. Tómese tiempo para comentar cada ilustración y pida a los niños que identifiquen los comportamientos serviciales que muestran. Use la pregunta de la página 21 para plantear a los estudiantes cómo pueden ser serviciales en sus vidas.

El texto ha sido seleccionado con el consejo de un experto en lecto-escritura para asegurar que los principiantes puedan leer de forma independiente o con apoyo moderado. Usted puede apoyar las destrezas de lectura de no ficción de los niños ayudándolos a usar el contenido, el glosario ilustrado y el índice.